MUNDO BURSÁTIL
VOLUMEN I

BOLSA DE VALORES E INSTRUMENTOS FINANCIEROS

XAVIER MÁRMOL

Copyright

Queda prohibido, salvo excepción prevista en la ley, cualquier forma de reproducción, distribución, comunicación pública y transformación de esta obra sin contar con la previa autorización del titular de la propiedad intelectual. La infracción de los derechos antes mencionados y todos los demás competentes es constituida un delito penado por la ley.

Primera edición: Septiembre, 2019
Título original: Mundo Bursátil Volumen I
Subtítulo original: Bolsa de Valores e instrumentos Financieros
Copyright 2019 Xavier Mármol
Web: https://xaviermarmol.com
Correo: info@xaviermarmol.com
Facebook: https://www.facebook.com/xaviermarmol
Instagram: https://www.instagram.com/xmarmol/

Todos los derechos están reservados

Contenidos

LA BOLSA 7

    ¿Qué es? 7

    ¿Por qué debería interesarme? 10

    ¿Quiénes intervienen? 14

    ¿Cómo se desenvuelve? 16

    Funcionamiento 19

PRINCIPALES BOLSAS DEL MUNDO 25

    Bolsa de New York 25

    NASDAQ 27

    Bolsa de Tokio 29

    Bolsa de Shanghái 30

    Bolsa de Hong Kong 32

    Bolsa de Londres 33

    Euronext 35

    Bolsa de Shenzhen 36

Bolsa de Toronto...38

Deutsche Boerse..39

Bolsa de Australia..41

CLASIFICACIÓN DE LOS MERCADOS FINANCIEROS................43

Mercados según su nivel concentración........................44

Mercado centralizado..44

Mercado descentralizado...44

Mercados de acuerdo a su estructura...........................45

Mercados directos..45

Mercados intermediados..47

Mercados de acuerdo a sus fases de negociación...47

Mercados primarios..47

Mercados secundarios..50

Mercados de acuerdo al plazo de sus operaciones..51

Mercados al contado...51

Mercados a plazo y de futuros................................52

Mercados de acuerdo al nivel de intervención..............53

- Mercados no regulados 53
- Mercados regulados 54
- Mercados de acuerdo al nivel de formalización 55
  - Mercados organizados 55
  - Mercados no organizados 56
- Mercados de acuerdo a los activos negociados 59
  - Mercados monetarios 59
  - Mercados de capitales 59

PRINCIPALES TÍTULOS NEGOCIADOS EN LOS MERCADOS. 61

- Instrumentos de renta fija 61
- ¿Cómo se negocian estos instrumentos? 64
- Instrumentos de renta variable 65
  - Instrumentos de capitalización 65
- ¿Cómo se negocian estos instrumentos? 67
- Instrumentos Financieros Derivados 71
  - Futuros 74
  - Opciones 79

Swaps 82

Forwards 84

CFDs 86

ETFs 88

VENTAJAS TECNOLÓGICAS AVANZADAS 91

Inversiones en red o trading online 92

Negociación intradía o day trading 97

Negociación fuera de horario u off-hours trading 99

LA BOLSA

¿Qué es?

Es muy común escuchar en programas de noticias que la bolsa subió o bajo tantos puntos, que tal acción o índice se desplomo o alcanzó máximos históricos, pero en realidad ¿Qué es la bolsa? En términos generales y definiéndola de manera sencilla podemos decir que la bolsa de valores comprende un conjunto de mercados como cualquiera de los que existen en todo lugar que ofrecen productos al consumidor pero este caso a diferencia es distinguido, especializado y organizado de manera particular para negociar instrumentos financieros en lugar de mercancías y diariamente genera tanto compras como ventas principalmente de acciones u obligaciones enmarcadas en un precio que es público, mismo que denominamos cambio o cotización. La bolsa representa un punto de encuentro en el que confluyen empresarios o emprendedores con proyectos en busca de financiamiento, como también inversionistas quienes disponen de distintas alternativas de inversión que se adapten a sus intereses y que puedan generarles una rentabilidad o ganancias acorde a sus expectativas.

La bolsa de valores como figura individual representa un ente privado que garantiza condiciones sólidas para que empresas y personas que requieren y disponen de capital respectivamente lleven a cabo esas transacciones de intercambio de valores en compra-venta de acciones de sociedades, bonos públicos y privados, certificados o títulos de participación, entre otros instrumentos de inversión, donde intervienen agentes que dan origen a la formación de precios públicos en función de la oferta y demanda.

Se caracteriza por contribuir al incremento y fortalecimiento del mercado de capitales al permitir que intermediarios y clientes transen sus operaciones, al mismo tiempo que propicia y facilita el desarrollo del ahorro y la inversión. A la vez, es quien ejecuta la colocación primaria de instrumentos del mercado de acciones y bonos, y consecuentemente concede un mercado secundario para la transacción de activos financieros, suministra la regularización del mercado facilitando así la libertad en la determinación de los precios con operaciones transparentes y además proporciona aquellos sistemas, servicios e infraestructuras necesarias para el desenvolvimiento del mundo bursátil.

En la bolsa se establece el régimen entre los emisores e intermediarios de los mercados primarios y secundarios con los inversores, siguiendo de manera efectiva una delimitación con triple criterio que se respeta a cabalidad para el correcto funcionamiento de la misma, dicho criterio es caracterizado por ser subjetivo al fijar normas claras y fundamentales entre los sujetos o figuras participantes mencionadas anteriormente; objetivo por enmarcar los límites del mercado como antecedente de los instrumentos financieros, y funcional siendo quien establece reglas que delimitan y distribuyen distintivamente las actuaciones del mercado de colocación o primario, donde se crea la adquisición original del activo a negociarse y del mercado secundario o de negociación que opera como canal de redistribución de las adquisiciones derivadas de aquellos activos provenientes del mercado de colocación.

¿Por qué debería interesarme?

Es necesario primeramente entender que aquella mítica creencia de que la bolsa es solo para ricos, empresarios, líderes de estado, economistas, políticos, u otros que posean una extensa preparación financiera con años de trayectoria en el ramo, por la desbordada idea de que invertir y comprenderla representa algo tan extremadamente difícil como riesgoso, no es algo completamente cierto y que este pensamiento se ha convertido en un criterio limitante al impedirle a gran parte de la población gozar de los beneficios que se pueden obtener de ella. No digo tampoco que el manejo correcto de los instrumentos que ofrece sea de fácil y rápida asimilación pero si puedo dar por hecho que todo aquel que se disponga a entrar podrá disfrutar de las bondades del mundo bursátil efectivamente, siguiendo una serie de pasos y conceptos que iré simplificando en este material para hacer su incursión los más placentera posible.

Todos los seres humanos poseemos intereses, pasiones, deseos o sueños, necesidades y miedos, puntos que queremos tener bajo control para nuestra estabilidad y la de nuestros seres queridos en busca de una mejor calidad de vida y de sentir el placer de llevar a cabo cada buena idea que ronde nuestras mentes o vivir experiencias inolvidables justo en el momento en que lo decidas sin que el dinero sea impedimento para ello, poseer esa libertad que la mayoría ansia pero ve solo como un espejismo imposible de alcanzar; quiero decir que existen formas de lograrlo y la bolsa de valores es uno de los mejores medios o vehículos que, correctamente dirigidos, progresivamente pueden llevar a cualquier persona a ese destino soñado, indistintamente de su estrato social.

La bolsa de valores presenta múltiples motivos que hablan por sí solos, de los cuales solo mencionaré algunos que considero elementales al considerar adentrarse en el tema de las inversiones. El principio más elemental para una vida estable es el poder poseer ahorros para cubrir imprevistos y hacer frente a las oportunidades que se presentan, pero sabemos que para ello una simple "reserva de dinero" no es suficiente, pues cada país y cada economía se mira cara a cara en algún momento con algún tipo de crisis que pudiese azotar y la inflación es una constante que en cada rincón del planeta se va comiendo esos ahorros que una persona o familia pudiese tener si no están estratégicamente invertidos; la bolsa nos posibilita y facilita ésta dinámica al aportarnos los mecanismos adecuados para ello y presentarnos una gran variedad de excelentes fórmulas para hacer que nuestro dinero trabaje para nosotros sin depender de una economía local, ya que al ser globalizada la bolsa puede preservar e incrementar el valor de tu patrimonio, ahorros o capital dispuesto para ello de una muy interesante manera. Aunado a lo anterior, las estadísticas demuestran que la inversión a largo plazo ofrecida por la bolsa es la más segura de todas las inversiones, tomando en cuenta principios de gestión de riesgos, reduciendo las pérdidas al mínimo y maximizando ganancias. Por si fuera poco, fiscalmente la bolsa resulta en gran manera favorable pues a los trabajadores y autónomos les retienen más impuestos que a los inversores.

¿Quiénes intervienen?

Con el fin de comprender a cabalidad el funcionamiento de la bolsa es vital el conocimiento de quiénes son y qué hacen aquellos agentes que intervienen en la dinámica de ésta, los cuales están clasificados en un conjunto de cuatro participantes que operan de manera armoniosa entre sí para el desarrollo sostenible de la bolsa, éstos se clasifican de la siguiente manera:

- ✓ <u>Emisores</u>: en primer lugar encontramos a quienes son las instituciones que proveen de los valores que van a ser negociados, dentro de las cuales destacan los bancos centrales, tesorerías generales de estado, demás bancos e instituciones financieras y las sociedades anónimas.
- ✓ <u>Reguladores</u>: para continuar contamos con estos organismos que son los árbitros encargados de vigilar y supervisar el adecuado

funcionamiento del entorno bursátil y promulgar pautas para que todo se desarrolle bajo el margen de la ley con un cuidadoso control. Existe una multitud de reguladores en todo el mundo de las cuales puedo mencionar algunos como la International Organization of Securities Comissions (IOSCO/IOCV) de carácter internacional, el European Securities and Markets Authority (ESMA), internacional al igual que la anterior, la Securities and Exchange Commission (SEC) radicada en EE.UU y la Comisión Nacional del Mercado de Valores (CNMV) perteneciente a España, éstos son solo algunos ejemplos de dichos organismos reguladores.

- ✓ <u>Intermediarios</u>: Éstos propician el entorno físico o virtual de la bolsa de valores y son quienes figuran como medio a través de los cuales se ejecutan las negociaciones de compra o venta de instrumentos financieros, los mismos son conocidos como corredores de bolsa, agentes de valores o ampliamente aceptados como brókers.

- ✓ <u>Inversionistas</u>: Para finalizar tenemos a estos participantes quienes disponen su dinero, ahorros o capital para la adquisición de instrumentos financieros con el fin de obtener un rendimiento como contraparte, pueden perfectamente ser locales o extranjeros indistintamente, así como también institucionales (bancos, compañías de seguros, fondos de inversión, fondos de pensiones) o no (personas naturales o jurídicas).

¿Cómo se desenvuelve?

En un principio el sentimiento más común encontrado en la mayoría de las personas que se acercan por primera vez a este ámbito es el de la apariencia de casino, como si dependiera totalmente de la suerte lograr tener éxito invirtiendo en la bolsa, tanto que por algunos es visto como un juego donde se pueden obtener ganancias rápidas sin ningún esfuerzo y otros lo ven tan complejo que imaginan que se debe nacer con una habilidad o don especial para el dominio de esto por lo que tiran la toalla antes de siquiera iniciar, todo gracias a la dificultad observada en primer plano. Pero como lo veo yo y como realmente debe tomarse es como una profesión en la cual hay que prepararse teniendo la plena seguridad de que es la que mejor te puede pagar de todas, con una proyección tan amplia que es casi imposible encontrarla desarrollando otra actividad, claro, sin perder de foco el centro del aprendizaje continuo y de calidad que amerita este sector, pues si bien no necesitas talentos supernaturales para ello, es necesario comprender y asimilar una serie de conceptos, prácticas, herramientas y principios vitales para todo individuo común como tú y como yo que haya desarrollado una carrera universitaria o no pueda degustar de los manjares que la bolsa ofrece cuando te mueves entre capacitación, control del riesgo e inversión inteligente.

Para entender la bolsa es oportuno dar un paseo por los motores que mueven los intereses de la conducta humana, misma que genera una especie de juego social dirigido por las emociones que buscan satisfacción y seguridad, emociones que propician la toma de decisiones basadas en mecanismos de control internos que se desplazan entre la ambición y el pánico respectivamente, pues son el deseo y el miedo los encargados de mover los hilos que crean la realidad diaria en todas las áreas de la vida del quehacer personal de cada quien y en conjunto gracias a las decisiones tomadas se engendra la historia, misma que no es resultado de la suerte sino de acciones específicas entre las cuales hay predominio, debilidades, caos y orden a la vez, y esto crea un completo equilibrio que en la bolsa evoluciona en variaciones de precio todo el tiempo, hecho al que se le conoce como oferta y demanda; es por ésta razón que se hace atractiva y demostrablemente más rentable que cualquier actividad dentro del sistema legal. Claro está que dentro del orden y el caos existente en todo hay fases que van de extremo a extremo, desde crecimientos impresionantes hasta portentosas catástrofes y es ahí donde se presenta un inconveniente que por siglos ha sido tratado de diferentes maneras y cada vez ha acortado más la brecha entre el riesgo y la estabilidad; hoy en día la bolsa permite tanto en el orden como en el caos, y en crecimientos como en catástrofes poder beneficiarse indistintamente de dichos estados si te capacitas y aprendes a leerla entre líneas. Mi intención es transmitirte el conocimiento y las herramientas necesarias para alcanzar ese final por medio de esta serie de manuales que inicia aquí, estableciendo los fundamentos y terminologías más esenciales o básicas.

Funcionamiento

En la bolsa, como hemos podido ver se ofrecen y se toman valores a corto, medio y largo plazo mediante arreglos que se transan directa e inmediatamente por títulos financieros los cuales se pagan y se obtienen sin más, beneficiando a todas las partes implicadas.

Ésta desempeña unas funciones vitales para el sistema financiero de un país o el crecimiento de la economía global y podemos describirla con las siguientes características:

- ✓ <u>Encauce y canalización del ahorro</u>: A la bolsa se aproximan por un extremo empresas en busca de capital que ofrecen a aquellos que poseen ahorros la alternativa de transformarse en socios o acreedores de estas empresas y por el otro extremo un público en general como tú y como yo que se acerca con el objetivo de otorgar ese dinero que disponen fuera de cualquier responsabilidad u obligación personal, familiar y fiscal en libertad de invertir ganando un beneficio, para aumentar así sus ahorros y capital de forma estratégica, por lo cual la bolsa crea el espacio en que empresas y ahorradores coinciden relacionándose para generar ese intercambio de fondos y títulos financieros productivos.

- ✓ <u>Aporte de liquidez</u>: La negociación en los mercados financieros convierte a los ahorradores e inversionistas en titulares de valores y la bolsa garantiza el poder desprenderse de ellos de forma inmediata si así se requiere, lo que implica convertirlos en dinero al venderse y cobrar su liquidación lo más rápida y fácilmente posible gracias a la gran concentración de compradores y vendedores que reúne la organización bursátil, aunque hay que destacar que no todos los valores cuentan con exactamente la misma liquidez.

- ✓ <u>Democratización de la propiedad</u>: Es una función social de movilización ya que permite el acceso a pequeños inversores al capital de grandes empresas, esto es posible gracias a la difusión de acciones en la bolsa donde pueden ser adquiridas por cualquiera con capital modesto, convirtiéndose así en accionista o propietario de un segmento de la empresa, posibilidad que no existiría y sería muy poco probable de no ser por la cotización de estas empresas en la bolsa.

- <u>Barómetro económico:</u> Un instrumento de valoración para el rendimiento del sistema capitalista es como se considera la bolsa, la cual en cada movimiento representa las perspectivas económicas de un país demostrando a los políticos, a los empresarios y demás miembros de la comunidad en general que si la bolsa se torna en mal estado es señal irrefutable de que algo en la economía no está marchando bien y se requieren medidas tanto oportunas como ágiles para corregir y evitar el colapso financiero. Aunado a los anterior la bolsa permite comprender el valor de las empresas al poderse establecer en sí gracias a la oferta y demanda un precio bursátil o precio de mercado que es de alta relevancia al momento de comprar o vender empresas y activos.

- ✓ <u>Seguridad contra fraudes</u>: Por la existencia de un mercado organizado y regulado dentro de la bolsa correctamente establecida se protege al público ahorrador frente a fraudes proporcionando garantías que, de no existir, ningún inversor privado se atrevería a introducir su capital o ahorros dado que eso supondría un riesgo total y a ciegas.

- ✓ <u>Proveedor de información</u>: Aporta la posibilidad a los inversores de formarse una idea clara y concisa del estado en que se encuentran las sociedades en las que participa, encausando así su capital hacia las organizaciones que mayor rentabilidad ofrecen, esto se nota a través de los índices de precios negociados con los que se conocen los estados de opinión colectiva.

PRINCIPALES BOLSAS DEL MUNDO

Habiendo definido ya qué es la bolsa de valores se vuelve necesario manifestar que no existe solo una sino múltiples, pero en ésta sección vamos a ver únicamente las que se han considerado las más importantes y de mayor alcance económico capitalizado durante un tiempo bastante óptimo.

Bolsa de New York

Lleva por nombre New York Stock Exchange, también conocida por sus siglas en inglés como NYSE, ésta fue fundada en 1817 pero llegó a ser nombrada NYSE solo para después del 1963, se ubica en la famosísima calle Wall Street y es la mayor de las bolsas enlistando un importante número de empresas que cotizan en ella con lo cual se considera su portafolio el número uno luego de grandes turbulencias enfrentadas en su historia y superadas, como también varias fusiones que sirvieron para su avance y posicionamiento estratégico; esta abarca sectores como el sanitario, el financiero, el de bienes de consumo y el energético. Su horario local operativo es de 9:00-16:00 (UTC -4). Como dato adicional, en esta bolsa encontramos que entre las empresas que en ella cotizan se ubican algunas muy conocidas como Exxon Mobil Corp, Citigroup Inc y Pfizer Inc, y uno de los índices más empleados para monitorizar su valor es el Dow Jones, generalmente expresado como Dow 30 o DJIA.

➢ Para más información de esta bolsa puede visitar su sitio web oficial https://www.nyse.com/markets/nyse y así conocer a profundidad su modelo de negocio, sus aspectos legales, sus intereses y sus noticias o anuncios.

➤ Para mirar el rendimiento histórico de esta bolsa con fines informativos u cualquier otro puede hacerlo a través de su principal índice el Dow 30 en la página web https://es.investing.com/indices/us-30.

NASDAQ

Fue fundada por un grupo de corredores de bolsa en 1971, se sitúa al igual que la anterior en New York en el respetado Times Square. Sus siglas en inglés corresponden con National Association of Securities Dealers Automated Quotations, misma que posee la peculiaridad de jamás haberse presentando en un sistema de mercado abierto, por el contrario, desde sus inicios se ha distinguido por emplear sistemas de comercio por cómputos y telefónicos, modalidades que la convirtieron en la bolsa de valores electrónica y automatizada pionera llegando a ser la más grande en su estilo en los Estados Unidos. Esta surgió oportunamente a petición del Congreso por la necesidad de regularización de los mercados con el fin de hacerlos más transparentes y seguros. En el NASDAQ cotizan un importantísimo número de acciones prevenientes de sectores como el tecnológico, el informático, el de las telecomunicaciones, biotecnología, entre otros, por parte del atractivo listado de empresas en su portafolio entre las que cabe mencionar algunas famosas y muy destacadas como Apple, Microsoft, Facebook y Tesla; en ésta bolsa se emplea al índice NASDAQ 100 para medir su ejecución en el mercado y su horario local operativo es 9:00-16:00 (UTC -4).

- Para más información de esta bolsa puede visitar su sitio web oficial https://www.nasdaq.com/ y así conocer a profundidad su modelo de negocio, sus aspectos legales, sus intereses y sus noticias o anuncios.
- Para mirar el rendimiento histórico de esta bolsa con fines informativos u cualquier otro puede hacerlo a través de su índice Nasdaq 100 en la

página web https://www.nasdaq.com/market-activity/index/ndx.

Bolsa de Tokio

Conocida como la Tokyo Stock Exchange (TSE) hizo su aparición en 1878 enfrentado diversas crisis en su historia incluido el cese de actividades de varios años por motivos guerra en el país, atravesando fusiones y asociaciones como las que tiene en el presente con diferentes bolsas del mundo incluida la de Londres, actualmente ha llegado a ser la más importante de Japón y la principal en todos los países asiáticos. Un cuantioso número de empresas cotizan en la TSE como por ejemplo Honda Motor Co, Toyota Motor Corp y Sony Corp; se suele emplear como referencia de la bolsa de Tokio el índice Nikkei 225 y opera en el horario local 9:00-15:00 (UTC +9).

> Para más información de esta bolsa puede visitar su sitio web oficial https://www.jpx.co.jp/english/ y

así conocer a profundidad su modelo de negocio, sus aspectos legales, sus intereses y sus noticias o anuncios.

> Para mirar el rendimiento histórico de esta bolsa con fines informativos u cualquier otro puede hacerlo a través de su índice Nikkei 225 en la página web https://es.investing.com/indices/japan-ni225.

Bolsa de Shanghái

Shanghái Stock Exchange (SSE), ésta es la cuarta bolsa más importante del mundo sin importar el hecho de que es una de las más recientemente fundada, tan sólo en 1990, aunque su origen se traslada un poco más atrás en el año 1866 pero se suspendió en 1949 a razón de la revolución China. Ésta hace distinción entre los tipos de inversores y de acciones discriminando entre locales y nacionales, puesto que cuentan con acciones que cotizan en su moneda local que es el Yuan y otras que cotizan en dólares americanos, las primeras solo están disponibles para inversores locales exceptuando a aquellos extranjeros que cumplen con una serie de requisitos dispuestos para su inversión; por otro lado las segundas están abiertas tanto para foráneos como para nacionales. El rendimiento de esta bolsa se puede monitorizar a través del índice SSE Composite, también conocido como el Shanghai Composite. Los valores que se cotizan en la bolsa de Shanghai incluyen acciones, fondos, bonos del tesoro, bonos corporativos y bonos corporativos convertibles. Más adelante estaremos conversando acerca de los bonos y fondos para entrar a detalle del que son y para qué sirven. La Bolsa de Shanghai funciona en el horario local 9:30-15:00 (UTC +8).

> Para más información de esta bolsa puede visitar su sitio web oficial http://english.sse.com.cn/ y así conocer a profundidad su modelo de negocio, sus aspectos legales, sus intereses y sus noticias o anuncios.

> Para mirar el rendimiento histórico de esta bolsa con fines informativos u cualquier otro puede hacerlo a través de su índice Shanghai Composite (SSEC) enlapágina web https://es.investing.com/indices/shanghai-composite.

Bolsa de Hong Kong

Creada en 1891 por la Asociación de Corredores de Bolsa de Hong Kong y posteriormente rebautizada en 1914 como la Hong Kong Stock Exchange (SEHK) que se convirtió en una de las tres bolsas más significativas de China, la tercera más importante de Asia y la quinta en el mundo. En 2017 hizo la transición al trading electrónico lo cual implicó un importante cambio para ella, y actualmente incluye importantes valores como por ejemplo AIA, Tencent Holdings, HSBC Holdings, PetroChina, China Mobile y el Banco Industrial de China. A diferencia de la bolsa de Shanghai esta no dispone de controles estrictos para los inversores externos al país, su índice principal es el Hang Seng Index y opera en el horario local 9:30-16:00 (UTC +8).

- ➢ Para más información de esta bolsa puede visitar su sitio web oficial https://www.hkex.com.hk/?sc_lang=en y así conocer a profundidad su modelo de negocio, sus aspectos legales, sus intereses y sus noticias o anuncios.

- ➢ Para mirar el rendimiento histórico de esta bolsa con fines informativos u cualquier otro puede hacerlo a través de su índice Hang Seng o HK50 en la página web https://es.investing.com/indices/hang-sen-40.

Bolsa de Londres

Esta es una de las más antiguas al remontarse al 1698 cuando su servicio prestado se reducía exclusivamente a publicar de manera quincenal los precios del mercado, posteriormente en 1801 evolucionó con fuerzas para convertirse en la London Stock Exchange (LSE) llegando a ser la más importante del mundo hasta la culminación de la primera guerra mundial cuando es desplazada por la NYSE. Pertenece al London Stock Exchange Group que se formó en 2007, la LSE se fusionó con la bolsa Italiana y en 2011 lo volvió a hacer con el TMX Group, y en el presente su nivel de relevancia se ubica en el sexto lugar internacionalmente a pesar de que cuenta con activos en más de 70 países, aunque en Europa es la más importante hasta la fecha. A fin de monitorear su rendimiento y capital bursátil se cuenta con el índice FTSE 100 o Financial Times Stock Exchange Index 100 Share Index, como también con índices adicionales entre los que podemos mencionar, el FTSE 100 el FTSE 250, el FTSE Small Cap y el FTSE All-Share. Su horario operativo local es 9:00-17:40 (UTC +0).

> Para más información de esta bolsa puede visitar su sitio web oficial https://www.londonstockexchange.com/home y así conocer a prof

undidad su modelo de negocio, sus aspectos legales, sus intereses y sus noticias o anuncios.

➢ Para mirar el rendimiento histórico de esta bolsa con fines informativos u cualquier otro puede hacerlo a través de su índice FTSE 100 en la página web https://es.investing.com/indices/uk-100.

Euronext

Nace en el año 2000 con el fin de ser representación de la economía europea en su totalidad, razón por la cual trabaja en euros, en 2007 se fusionó con el grupo NYSE para formar la NYSE Euronext, en 2013 fue absorbida completamente por Intercontinental Exchange y en 2014 Euronext se hace notar nuevamente como una empresa independiente. Su sede radica en Ámsterdam y es considerada una bolsa paneuropea ya que abarca a Países Bajos, Portugal, Bélgica, Francia, Irlanda y Reino Unido, y al poseer varios países implicados cuenta con aproximadamente 30 índices, sin embargo el predominante es el Euronext 100 para su monitorización compuesto por los valores más líquidos de Euronext.

- Para más información de esta bolsa puede visitar su sitio web oficial https://euronext.com/en y así conocer a profundidad su modelo de negocio, sus aspectos legales, sus intereses y sus noticias o anuncios.

- Para mirar el rendimiento histórico de esta bolsa con fines informativos u cualquier otro puede hacerlo a través de su índice Euronext 100 en la página web https://es.investing.com/indices/euronext-100.

Bolsa de Shenzhen

Shenzhen Stock Exchange por sus siglas en ingles SZSE empieza a operar de manera oficial en 1990 aunque su fundación data de 1897, ésta institución financiera de la

República Popular China es autorregulada pero esta supervisada por la China Securities Regulatory Commission (CSRC). Las empresas que incluye esta bolsa son fundamentalmente de China razón por la cual se cotiza en su moneda, el Yuan.

➢ Para más información de esta bolsa puede visitar su sitio web oficial http://www.szse.cn/English/index.html y así conocer a profundidad su modelo de negocio, sus aspectos legales, sus intereses y sus noticias o anuncios.

➢ Para mirar el rendimiento histórico de esta bolsa con fines informativos u cualquier otro puede hacerlo a través de su índice SZSE Component en la página web https://es.investing.com/indices/szse-component.

Bolsa de Toronto

Su nombre es Toronto Stock Exchange o TSX y se fundó en 1852, es la más importante de Canadá y una de las principales de América del Norte. En 2009 se fusionó con la bolsa de Montreal y paso a ser propiedad del TMX Group quien procuró en 2011 negociar con la bolsa de Londres pero la negociación fracasó a razón de que los accionistas no dieron la aprobación. Algunas de las empresas más renombradas que cotizan en la TSX son el Royal Bank of Canada y Suncor Energy Inc y como índice que contabiliza aproximadamente el 70% de la capitalización del mercado de la bolsa de Toronto se encuentra el S&P/TSX Composite Index.

- Para más información de esta bolsa puede visitar su sitio web oficial https://www.tsx.com/ y así conocer a profundidad su modelo de negocio, sus aspectos legales, sus intereses y sus noticias o anuncios.

- Para mirar el rendimiento histórico de esta bolsa con fines informativos u cualquier otro puede hacerlo a través de su índice S&P/TSX Composite en la página web https://es.investing.com/indices/s-p-tsx-composite.

Deutsche Boerse

La bolsa alemana de Frankfurt se fundó en 1585 teniendo como objetivo fijar los tipos de cambio y con el transcurso de los siglos llegó a considerarse una de las primeras bolsas del mundo a la par de la de París y la de Londres. Para el año 1993 la empresa Deutsche Borse AG adquirió la titularidad de la bolsa de Frankfurt, ésta comprende empresas que cotizan fundamentalmente con sede en Alemania y otros países que tienen como moneda base el euro, como índice principal de esta bolsa encontramos el DAX. Como último dato interesante, esta bolsa es una de las pocas bolsas de valores que se relacionan con las organizaciones que no poseen ningún ánimo de lucro.

- Para más información de esta bolsa puede visitar su sitio web oficial https://www.deutsche-boerse.com/dbg-en/ y así conocer a profundidad su modelo de negocio, sus aspectos legales, sus intereses y sus noticias o anuncios.

- Para mirar el rendimiento histórico de esta bolsa con fines informativos u cualquier otro puede hacerlo a través de su índice DAX en la página web https://es.investing.com/indices/germany-30.

Bolsa de Australia

El sistema de comercio de la Australian Securities Exchange hoy en día es netamente electrónico y opera con productos como bonos, acciones o materias primas, ésta nace en 2016 de una fusión dada entre la Bolsa de Valores Australiana y la Bolsa de Valores de Sídney.

- Para más información de esta bolsa puede visitar su sitio web oficial https://www.asx.com.au/ y así conocer a profundidad su modelo de negocio, sus aspectos legales, sus intereses y sus noticias o anuncios.

- Para mirar el rendimiento histórico de esta bolsa con fines informativos u cualquier otro puede hacerlo a través de su índice S&P/ASX 200 en la página web https://es.investing.com/indices/aus-200.

CLASIFICACIÓN DE LOS MERCADOS FINANCIEROS

Estos se clasifican de diferentes maneras considerando varios aspectos fundamentales importantes como la concentración, estructura, fase de negociación, plazo de operaciones, intervención, formalización y por último el tipo de activos negociados, cada uno de los cuales iremos desarrollando progresivamente en este apartado.

Mercados según su nivel concentración

Mercado centralizado

Actualmente gracias a la globalización económica la mayoría de los mercados se caracterizan por estar ubicados en este segmento, estos mercados disponen de un espacio físico o bien un sistema electrónico donde se encuentran todas las órdenes de compra/venta.

> Como ejemplo de este tipo de mercados podemos mencionar al mercado continuo de la bolsa de Madrid que puedes visitar en su página web oficial http://www.bolsamadrid.es/esp/aspx/Mercados/Precios.aspx?indice=ESI100000000&punto=indice para ampliar la información de su mercado.

Mercado descentralizado

Estos tienen la peculiaridad de disponer de múltiples lugares o sistemas de contratación lo que genera una existencia de precios diferentes en cada mercado.

➤ Un ejemplo de esta sección es el mercado de materias primas o commodities que negocian productos perecederos y no perecederos como granos, metales, energías, carnes entre otros, tal es el caso de la bolsa New York Mercantile Exchange o NYMEX que puedes visitar en su página web oficial https://www.cmegroup.com para tener una idea más amplia de este tipos de mercados los cuales por cierto manejan.

Mercados de acuerdo a su estructura

Mercados directos

Aquí la relación entre prestatarios e inversionistas se lleva a cabo sin intervención alguna de ningún intermediario, lo que se traduce en que tanto compradores como vendedores de activos financieros deben procurar por cuenta propia la contrapartida de dicha negociación. Para dar un poco de claridad al respecto de este tipo de mercados se pueden mencionar por ejemplo el tipo de acciones que no se negocian en la bolsa.

➢ Existe un mercado en esta categoría conocido como MAB o mercado alternativo bursátil en España y como mercados de Penny Stock principalmente en Estados Unidos orientado a empresas de pequeño y mediano capital que no poseen la capacidad de cotizar en un mercado de mayor envergadura para el comercio de sus acciones que por lo general sus precios oscilan en promedio entre menos de cinco dólares a un poco más respectivamente, un mercado de este tipo se encuentra en la bolsa Euronext que a su vez clasifica dos mercados para este tipo de negociación, estos son Euronext Growth y Euronext Access, puede mirar alguna de estas acciones en el siguiente enlace https://live.euronext.com/en/products/equities/list.

Las acciones son definidas en la página 47.

Mercados intermediados

Se facilita la negociación o el contacto entre las partes llevando a cabo actividades de conversión de los activos financieros, entre las principales figuras de este tipo tenemos a instituciones de crédito y entidades de inversión.

> ➢ Como referencia a mercados intermediados podemos referirnos a fondos de inversión o gestores de capital como es el caso de Abaco Capital radicado en Madrid España mismo que se muestra en el siguiente enlace hacia su página web oficial https://www.abaco-capital.com/.

Mercados de acuerdo a sus fases de negociación

Mercados primarios

Comprende dos medios encargados de la emisión y colocación de títulos de financieros o la nueva creación de valores, generando de esta manera la entrada de capital en la institución emisora lo que se traduce en liquidez para ella para fines variados dentro de la organización. Estos medios están enmarcados entre en el sector privado y el sector gubernamental, el primero se lleva a cabo a través de una oferta pública en donde los títulos se dan a conocer masivamente en el entorno financiero de manera detallada para que cualquier persona indistintamente pueda tener acceso a la negociación y beneficio. En el segundo, el del marco gubernamental, se ofrece usando el mecanismo conocido como subasta donde el activo financiero es otorgado al mejor postor con la salvedad de que la adquisición de estos primordialmente está dirigida a casas de bolsa, aseguradoras, afianzadoras, sociedades de inversión y bancos. El financiamiento y negociación se formalizan valiéndose de documentos que otorga la institución emisora, estos documentos son los que reciben el nombre genérico de títulos, valores, activos o instrumentos financieros dentro de los cuales encontramos acciones, letras del tesoro, bonos, entre otros, estos documentos se entregan y en contraparte se recibe el dinero a modo de préstamo o aportación de capital y a esto se le asigna el nombre de venta de mercado primario o colocación. Toda la operación descrita se realiza directamente o través intermediarios. Un mercado primario se crea cuando por ejemplo una empresa cotiza por primera vez en la bolsa, cuando alguna organización hace una ampliación de capital por medio de la emisión de acciones, o cuando se emiten bonos corporativos y gubernamentales.

Los bonos y letras del tesoro están definidas en la página 42 y 43.
Las acciones son definidas en la página 47.

- Con respecto al este tipo de mercados tenemos por ejemplo a la oficina de Servicio Fiscal del Departamento del Tesoro de los Estados Unidos que mediante el sitio https://www.treasury

direct.gov/ ofrece la posibilidad de que inversores puedan adquirir valores del Tesoro como bonos, pagarés, entre otros en cualquier momento pues esta plataforma de operaciones está disponible los 7 días de la semana, las 24 horas del día.

Mercados secundarios

Las transacciones realizadas en estos mercados son en base a la negociación de activos financieros ya emitidos previamente en los mercados primarios dándole movilidad a los mismos pero los recursos obtenidos en estos mercados no llegan a la entidad emisora pues en estos el objetivo no es conseguir financiamiento aunque de igual forma los mercados primarios son beneficiados de ello puesto que al ser un mecanismo que otorga mayor liquidez al inversionista muchos más estarán dispuestos a colocar sus recursos y permite que los valores antes obtenidos puedan ser vendidos, en otras palabras el mercado secundario se encarga de la transferencia de los activos obtenidos en los mercados primarios.

➢ Cabe mencionar dentro de esta clasificación como ejemplo a la bolsa de Londres o la London Stock Exchange y a través del siguiente enlace podremos ver listados de sus mercados y precios https://www.londonstockexchange.com/exchange/prices-and-markets/stocks/prices-search/stock-prices-search.html.

Mercados de acuerdo al plazo de sus operaciones

Mercados al contado

Se trata de mercados en los que las operaciones que son liquidadas poseen un corto plazo de tiempo que varía entre un día a una semana.

➢ Estos mercados también son conocidos como mercados spot y como ejemplo a ellos nos encontramos el mercado del petróleo WTI donde no se puede invertir directamente sino se es una institución importante en el sector. Como referencia podemos mirar los datos históricos de este mercado en el siguiente https://datosmacro.expansion.com/materias-primas/petroleo-wti.

Mercados a plazo y de futuros

Estos mercados en primera instancia nacen con el objetivo de proveer instrumentos adecuados para el control y la gestión del riesgo, sin embargo su utilización generalmente se orienta hacia la especulación, las operaciones en estos mercados se liquidan en un plazo mucho más largo que en los anteriores.

➢ Por ejemplo tenemos a los mercados futuros del índice S&P/ASX 200 que podemos apreciar en el siguiente enlace https://es.investing.com/indices/australia-200-futures.

Mercados de acuerdo al nivel de intervención

Mercados no regulados

Se trata de aquellos cuya fijación de precios para la negociación de activos se da gracias a la libre participación de las partes, en la actualidad la mayor parte de los mercados existentes se encuentran no regulados o desregulados con el objetivo de preservar y respetar el principio del libre mercado. En este sentido los términos de regularización no deben interpretarse como falta de la supervisión por parte de los organismos competentes pues no se refiere a eso, sino que se está hablando específicamente de la no intervención en los precios de los mercados para los activos.

> ➢ Existe una gran variedad de mercados de este tipo entre los cuales podemos nombrar por ejemplo a los CFDs de acciones que son un instrumento que está definido en un apartado

siguiente en la página 58 donde podemos ir a revisarlo para entender el contexto de este mercado. Un ejemplo a este mercado lo encontramos con los CFDs de la empresa Morgan Stanley negociados en distintas plataformas como es el caso de plus500, en el siguiente enlace podemos apreciar este en particular para tener un referencia https://www.plus500.com/Instruments/MS.

Mercados regulados

En estos encontramos algún tipo de intervención de manos de las autoridades públicas con el fin de alterar los precios o el volumen de los instrumentos financieros negociados en dichos mercados.

➢ Dentro de estos mercados encontramos casos el de los fondos de pensiones donde estas sociedades anónimas obtienen los recursos de los cotizantes o trabajadores para administrarlos y generarles una rentabilidad que les permita mayores beneficios al momento de sus respectivos retiros, estos fondos están regulados por manos de la superintendencia de pensiones del país donde este radicada, por ejemplo podemos mencionar como referencia a este mercado al fondo pensiones que administra el BBVA en México del cual se puede obtener información en el siguiente enlace https://www.bbva.mx/empresas/productos/inversiones/prevision-social/fondo-de-pensiones.html#mixtos.

Mercados de acuerdo al nivel de formalización

Mercados organizados

El intercambio de activos financieros negociados en estos mercados se llevan a cabo bajo normas y reglamentos plenamente establecidos, la existencia de este tipo de mercados suele ser mayor ya que ofrece un grado de seguridad superior a los próximos mercados a tratar.

- Para un ejemplo claro de este tipo de mercados clasifica perfectamente la Bolsa de Barcelona en España misma de la que encontramos en su sitio web http://www.borsabcn.es.

Mercados no organizados

También conocidos como Over The Counter (OTC), las operaciones hechas en este tipo de mercados carecen de unas reglas de intercambio prefijadas siendo las partes que se implican en ellos quienes establecen los acuerdos y términos de realización sin la seguridad de un intermediario avalado; no cuentan con un lugar físico para llevar a cabo las transacciones lo que implica que los operadores se contactan por medio de redes de comunicación conectadas a una pantalla electrónica central. Estos mercados han tomado fuerza y una importancia interesante debido al nivel de desregularización y como no mencionar otras de las razones elementales tal como es el uso extensivo de la tecnología. La desregulación en estos mercados se refiere a lo siguiente:

- ✓ Acceso directo: no amerita de un operador exclusivo a través del cual se interactúe en dicho mercado.
- ✓ Es flexible: en los contratos llevados a cabo a través de ellos las partes implicadas pueden deshacerlos en cualquier momento.
- ✓ Productos a medida: las necesidades del inversor son las que predominan, mismo que puede crear productos basados en sus propios intereses ya sea en plazo o características.
- ✓ Riesgo de contrapartida: por la carencia de una reglamentación éste queda a dependencia de las partes al no existir un intermediario que garantice la operación.

- ✓ <u>Inspección</u>: Si bien la característica más resaltante de estos mercados es que no mantienen una reglamentación concreta, ha nacido la preocupante necesidad de dar protección al inversor obligando a los organismos que rigen a las bolsas organizadas como la Securities and Exchange Comission (SEC) en Estados Unidos a que los supervise y monitoree con el fin de que aplique leyes de protección al consumidor en torno a la información sobre el producto y las empresas sobre las cuales establece sus negociaciones.

➢ Haciendo referencia a los mercados OTC está el caso de los CFDs mismos que se definen en la página 58, podemos mencionar a los CFDs de las acciones de Netflix que se aprecian en diferentes plataformas como es el caso de plus500 referenciado en el siguiente enlace https://www.plus500.com/Instruments/NFLX.

Mercados de acuerdo a los activos negociados

Mercados monetarios

Representan mercados con condiciones de gran liquidez y seguridad donde sus activos financieros son negociados con vencimiento a corto plazo, activos que son emitidos por el Estado u otros entes públicos, empresas de amplio alcance e intermediarios financieros, lo que propicia un nivel muy bajo de riesgo.

> ➢ Un ejemplo de estos mercados es la Secretaria General del Tesoro en España la cual emite instrumentos de deuda pública como lo podemos apreciar en su web oficial http://www.tesoro.es/.

Mercados de capitales

Estos mercados se centran en la negociación de activos financieros como los de renta fija pública y privada con vencimiento de mediano y largo plazo con los objetivos claros de financiar procesos de inversión a dichos plazos estipulados.

- Como ejemplo a los mercados de capitales podemos mencionar a la negociación de acciones que se da en NASDAQ aunque este mismo también clasifica para el mercado monetario ya que esta bolsa como muchas otras operan con ambos tipos de mercados como lo podemos ver en su página web oficial https://www.nasdaq.com/.

Las acciones se definen en la página 47.

PRINCIPALES TÍTULOS NEGOCIADOS EN LOS MERCADOS

Instrumentos de renta fija

Instrumentos de deuda

Estos títulos básicamente vienen a tomar el papel de préstamo donde quien invierte espera el retorno de su capital en un lapso de tiempo determinado más una ganancia porcentualmente pactada y establecida desde el inicio del contrato, y el emisor del título adquiere una obligación o deuda por pagar a su contraparte, dicho contrato se hace en papel y electrónicamente. Los instrumentos o títulos de deuda más conocidos son los pagarés y los bonos, mismos que facilitan el traspaso de titularidades entre partes por medio de agentes de mercado.

- ✓ <u>Letras del Tesoro</u>: Es un título de valor emitido por el estado a diferentes plazos como a 3, 6, 9 y 12 meses con el fin de financiar el déficit público, siendo una de las principales formas en que lo gobiernos adquieren recursos para su gestión, tal es el caso de las letras del tesoro español que podemos apreciar en el sitio web <u>http://elijo.tesoro.es/productos_letras</u>.

- ✓ <u>Bonos</u>: En sus características estos títulos son parecidos a los pagarés con algunas diferencias, entre las que podemos mencionar que dependiendo del tipo de bono pueden ser vendidos a terceros, canjeables por acciones en su totalidad dentro de la empresa u organización emisora, pueden dividir el valor total del bono o la deuda en pago en distintas retribuciones permitiendo negociar de diferente manera y de forma separada el dinero de los intereses y el dinero del capital; otros bonos no tienen fecha de vencimiento lo que implica que el capital invertido nunca regresa al ahorrista pero en lugar de ello el emisor toma la obligación de pagarle interés perpetuamente, y por último hay otros que son considerados bonos basura ya que son títulos de muy alto riesgo al igual que de poca calificación pero para recompensar esos dos factores en contra ofrecen altos rendimientos. Como ejemplo está el caso de los bonos del Tesoro emitidos por el Estado Español expresados en el siguiente enlace de referencia http://elijo.tesoro.es/productos_bonos.

Los instrumentos de deuda se presentan en dos tipos caracterizados por la duración de los mismos, los primeros son los instrumentos de deuda a corto plazo en donde la obligación debe ser cubierta en un lapso menor a doce meses dirigidos principalmente a finanzas corporativas y al Estado en cuyos casos sirven de líneas de créditos rotativos. En segundo lugar se encuentran los instrumentos de deuda a largo plazo los cuales están orientados a financiar crecimiento y expansión de empresas que reflejan balances con potencial y seguridad de mantenerse en el tiempo lo que se traduce en instrumentos menos riesgosos, una característica que fascina a los inversionistas más conservadores.

¿Cómo se negocian estos instrumentos?

Puede darse en el momento de la emisión, esto es, en el mercado primario por medio de instituciones financieras de acuerdo a los términos expresados en el activo al momento o también puede hacerse en el mercado secundario con la gestión de intermediarios financieros, como también comprándole o vendiéndole a otros inversores. Por ejemplo, a las operaciones con instrumentos de renta fija se encuentran los casos como en España donde en el mercado de deuda pública se transan principalmente Letras del Tesoro, Bonos y obligaciones del Estado, mismos que pueden adquirirse sin intermediarios a través del banco de España, u otro caso en ese mismo país con un mercado denominado AIAF que se centra en la negociación de pagarés de empresas, cédulas hipotecarias y múltiples tipos de bonos u obligaciones otorgadas por instituciones tanto financieras como no financieras, públicas o privadas en las Bolsas españolas de Madrid, Barcelona, Bilbao y Valencia.

Instrumentos de renta variable

Instrumentos de capitalización

Estos representan el marco opuesto a los instrumentos de renta fija, por lo que podemos decir que en este tipo de títulos de cierta forma no se tiene certeza de cuanto se llegará a ganar concretamente o si se perderá el capital invertido, esto no significa que se trate de un juego en el que se va a ciegas esperando un golpe de suerte, para nada, porque contamos con el análisis de mercado el cual nos puede orientar a la selección adecuada de títulos en empresas con excelente proyección e índice de crecimiento por medio de las cuales se reciban óptimos resultados, ganancias o dividendos de esos contratos. Como títulos o instrumentos de renta variable tenemos a las acciones, estos son valores de mercado que le trasmiten al que las adquiere el derecho a ser propietario de una sección de la empresa que emite el título como ya lo habíamos tratado en un apartado anterior, el poseedor de estos instrumentos son aquellos conocidos ampliamente bajo el termino de accionistas. El fin de estos es el de conseguir la financiación que requieren para asuntos internos de la empresa y a cambio otorgan a los nuevos dueños o accionistas la participación en la repartición de los beneficios generados los cuales se conocen como dividendos. Otra característica de este tipo de instrumentos es que tiene un alcance mayor a los de renta fija permitiendo contrarrestar el efecto de la inflación cuando la inversión es hecha a largo plazo en esta modalidad.

¿Cómo se negocian estos instrumentos?

Hablando respecto a las acciones como instrumentos de renta variable funcionan como la mayoría de los mercados financieros, mediante las órdenes de compra y venta de títulos cotizados en la bolsa donde existe una interacción constante entre vendedores y compradores, lo que genera que los precios se mantengan en movimiento perpetuo en tiempo real, conservando así un ritmo acelerado de comercio donde dichos precios pueden tener cambios significativos con ganancias o pérdidas en cuestión de segundos por lo que se hace vital el desarrollo de técnicas especiales para hacer frente a las fluctuaciones beneficiándose de ellas. En este tipo de inversión es recomendable una metodología llamada diversificación para reducir los riesgos, misma que consiste en colocar el capital en diferentes empresas de diferentes sectores con un buen estatus financiero y proyección de crecimiento en el tiempo. Como referencia al mercado de acciones pertenecientes a los instrumentos de renta variable contamos en Estados Unidos por ejemplo con dos casas Bursátiles muy importantes para su comercio, la primera es el NYSE o New York Stock Exchange que a la fecha del presente escrito es el mayor mercado respecto al volumen de compraventa y la suma total de su capital, en segundo lugar encontramos al NASDAQ que aparte de ser un mercado también es un índice, esta a su vez se subdivide en tres mercados para el comercio los cuales son Global Select, Global Market y el Capital Market, representando ésta el segundo mercado más importante al respecto.

- <u>Acciones</u>: Definiendo concretamente este término mencionado anteriormente nos referimos a unidades de propiedad dentro de una empresa, lo que implica que el valor de la misma se divide en proporciones iguales y cada una de esas unidades se conocen como acción, estas unidades o acciones son ofrecidas a inversionistas por un monto determinado, supongamos que el valor total de una compañía es de cien millones de dólares y esta emite cien millones de acciones, el valor de cada una de esas acciones seria de un dólar, precio que también va a variar dependiendo del valor fluctuante de la empresa en cuestión gracias al comercio de estas en la bolsa. Como ejemplo de una acción que se ofrece en la bolsa podemos mencionar a las emitidas por Acacia Pharma a través de la bolsa Euronext, misma que se aprecia en el siguiente enlace de referencia https://live.euronext.com/en/product/equities/GB00BYWF9Y76-XBRU/quotes.

Las acciones se dividen en dos tipos las cuales son comunes y preferentes. Las acciones comunes tienden por lo general a ofrecer un mayor beneficio que las preferentes al poseer una mayor liquidez en los mercados pero estas no garantizan un monto concreto de dividendos a los inversores y en caso de haber estos dividendos los mismos estarán determinados exclusivamente por la administración de la compañía aunque como valor añadido este tipo de acciones otorgan derechos políticos a quien las posee lo que implica que tiene la facultad para votar en las juntas que se realicen para decisiones al respecto de la misma, beneficio que no se otorga en las acciones preferentes. Por otro lado están las acciones preferentes en la cuales los poseedores reciben los dividendos antes de los que disponen de acciones comunes, esto representa una disminución del riesgo al inversor debido a que los dividendos están garantizados pero este mismo hecho generalmente limita el beneficio cuando la compañía expande o aumenta sus beneficios, y la liquidez de este tipo de acciones es mucho más baja que las anteriores.

➢ <u>Accionistas</u>: Son los inversores que reciben el derecho de participación en la empresa al comprar o adquirir la acción o las acciones de la misma, medida que lo convierte en dueño de esa parte proporcional del patrimonio que compone a la empresa. Como ejemplo a este tipo de figuras tenemos a Warren Buffett quien es uno de los mayores inversionistas que ha conocido la historia el cual es accionista mayoritario en empresas como Berkshire Hathaway de la cual también es presidente y CEO.

Instrumentos Financieros Derivados

Cuando hablamos de instrumentos financieros derivados, también conocidos como productos financieros derivados nos referimos a contratos con derechos y obligaciones entre las partes involucradas con un valor que depende exclusivamente de otro activo financiero que es usado como referencia y denominado bien subyacente, mismo que varía de naturaleza dependiendo de las necesidades y criterios de los compradores y vendedores de derivados, este instrumento derivado puede provenir o estar relacionando a una acción o un conjunto de ellas, a bienes también llamados commodities como lo son el caso de la gasolina, el trigo, el café, entre otros, a índices bursátiles que más adelante profundizaremos en ellos, a divisas y a bonos, solo por mencionar algunos de los activos usados como base de estos.

El nacimiento de los derivados aparece en respuesta a la búsqueda de una alternativa en que las entidades y organizaciones puedan evitar daños colaterales a razón de las variaciones en cotizaciones bursátiles, en las tasas de interés en los tipos de cambio y algunos otros segmentos económicos. Su función primordial se centra en eliminar o en su defecto reducir riesgos financieros que no se pueden controlar mediante la administración de la empresa en sí, pues esos riesgos dependen de la incertidumbre, el pánico o la inseguridad económica que se genera en estados con inestabilidad en su economía. Los instrumentos financieros derivados más comunes son futuros, opciones, swaps, forwards, CFDs y ETFs.

Estos poseen ciertas características entre las cuales caben mencionar ciertos detalles importantes a considerar para su respectivo uso, en primer lugar contamos con que requiere de una muy pequeña inversión inicial si la comparamos con los tipos de contrato que hemos visto anteriormente, este hecho facilita a los inversionistas un acceso un poco más extendido como la posibilidad de grandes ganancias pero también de perdidas elevadas si en la toma de acción y desarrollo de la operación no se asumieron las medidas oportunas e hicieron los análisis necesarios, para finalizar los derivados tienen la peculiaridad de que tienen presencia tanto en los mercados organizados como en los no organizados lo cuales dijimos anteriormente que se conocen como Over The Counter (OTC).

Futuros

Consisten en una negociación donde el comprador y el vendedor son obligados por medio de un contrato que fija un precio actual del subyacente que se va a pagar y entregar en un futuro, Los instrumentos de esta modalidad deben poseer una cantidad, calidad, duración, lugar de entrega y forma de liquidación estandarizado lo cual implica que deben regirse por los requerimientos de los mercados regulados pero el precio de estos es completamente negociable. Dentro de los futuros cuando se vende un contrato es común escuchar que se produce una cobertura o se le llama posición corta, por otro lado cuando se compra un contrato de futuros se designa el nombre de posición larga.

Al momento de tomar una posición corta o larga cada una de las partes implicadas deben pagar una garantía a un intermediario conocido como la cámara de compensación que respalda y vela por el cumplimiento de las obligaciones adquiridas de la siguiente manera.

- ✓ Si el activo no puede ser entregado físicamente, el contrato se liquida mediante la devolución del depósito tomado como garantía al inicio del contrato más las ganancias o menos las pérdidas que se generen el último día de la negociación.

- ✓ Si el activo es perfectamente entregable físicamente el intermediario cumple con sus funciones comprando el activo al vendedor y vendiéndolo al comprador, recibiendo el dinero del comprador y entregándolo al vendedor.

- ✓ Si existen varios activos entregables, el vendedor decide cuáles de ellos entregará a la cámara de compensación para que realice el traspaso al comprador.

Los mercados más grandes que se centran en el comercio de futuros se encuentran en Chicago, New York y Londres, representando las más importantes y amplias de Estados Unidos dentro de las cuales cabe mencionar el CME Group por ejemplo, que engloba a los cuatro mercados de futuros que mueven el mayor volumen de contratos negociados, cada uno de estos mercados se enfatiza en activos o subyacentes concretos especificados de la siguiente manera:

- ✓ <u>Futuros CME</u>: en este mercado fundamentalmente se negocian índices bursátiles americanos y asiáticos como lo son e-mini Nasdaq, e-mini S&P,

mini S&P MidCap 400, Nikkei 225 y Nikkei 225 yen, así como también es posible negociar en este futuros sobre los principales pares de divisas del mundo donde entran el EUR/USD, GBP/JPY, CAD/CHF, por mencionar algunas. Los anteriores se pueden encontrar en plataformas como la siguiente https://www.cmegroup.com.

- ✓ <u>Futuros COMEX</u>: este mercado se enfatiza en los contratos sobre metales como lo son el oro, plata y cobre, por ejemplo podemos apreciar el del oro en el siguiente enlace https://www.cmegroup.com/trading/why-futures/welcome-to-comex-gold-futures.html.

- ✓ <u>Futuros CBOT</u>: representa un interesante mercado en el que se puede negociar con futuros de materias primas como maíz, soja, aceite de soja y harina de soja pero también con futuros de renta fija americana como bono USA a 2 años, bono USA a 5 o 10 años, bono USA a 30 años y futuros sobre el Dow Jones que no se queda por fuera de este mercado. Veamos una referencia del maíz y varios de los mencionado acá en el siguiente enlace https://info.aserca.gob.mx/futuros/futuro.asp?de=maiz

- ✓ Futuros NYMEX: es un mercado variado para especular sobre materias primas tanto de metales como de energía, donde encontramos en el primer caso por ejemplo platino y paladio, y en el segundo caso crudo, gas natural y gasolina. Veamos el comportamiento del crudo en el siguiente enlace de referencia https://www.cmegroup.com/es/trading/why-futures/welcome-to-nymex-wti-light-sweet-crude-oil-futures.html.

- ✓ Futuros CBOE: Este es un importante mercado el cual mueve un impresionante volumen de operaciones anuales lo que lo hace muy atractivo, acá se puede negociar un índice muy popular conocido como VIX o Volatility Index, mismo mide la volatilidad de S&P 500, un activo muy codiciado por los especuladores, mirémoslo en la siguiente referencia https://es.investing.com/indices/volatility-s-p-500

Opciones

Son instrumentos que dan el derecho al tenedor de comprar o vender un activo a un precio fijo en determinado momento del futuro si este lo desea aunque de no querer no está obligado a tomar posición necesariamente, esta modalidad de contratos pueden ser ejercidos en la fecha de vencimiento o antes, las del primer caso reciben el nombre de opciones americanas y en el segundo caso son catalogadas como opciones europeas.

Estas se pueden otorgar sobre un número de bienes aunque los más usados son las acciones, los índices, las divisas extranjeras y los futuros tomado en cuenta que el vendedor de las opciones debe cumplir obligatoriamente con pagar un margen en garantía al intermediario de la negociación para poder ofrecerle a quien compra la plena seguridad de que recibirá el activo o el dinero cuando así lo disponga. Cuando el derecho se adquiere para comprar a la opción se le conoce como call y cuando el derecho es para venta se le denomina put.

- <u>Opciones call</u>: Cuando se adquiere este instrumento pagamos un precio denominado prima, misma con la que recibe el derecho de comprar el subyacente a un precio acordado que se le asigna el nombre de precio de ejercicio. El tenedor de la opción puede decidir no ejercer el derecho lo cual se traduciría en la pérdida de la prima pagada por la opción. Los beneficios y pérdidas están limitados de igual manera pagados por prima de la opción.

- <u>Opciones put</u>: Representan contratos que ofrecen al titular el derecho de vender un subyacente por un determinado precio antes de llegar a la fecha de expiración del mismo. Otorgan la posibilidad de tomar beneficio en la caída de, por ejemplo unas acciones o asegurarlas ante riesgos de posibles caídas.

Para la negociación de opciones contamos con tres importantes mercados muy significativos orientados a productos o instrumentos financieros derivados como lo son el CME o Chicago Mercantile Exchange mencionado anteriormente, ubicado en Estados Unidos y representa el mayor en el sector a nivel mundial, donde predominan los contratos de opciones como por ejemplo Euro Midcurve, Euro/Dólar, Euro FX, Mini SP500 y Natural Gas Phy, para continuar en Europa se ubica el Eurex concretamente en Frankfurt, Alemania considerado el mercado más grande de la región europea y uno de los mayores del mundo junto al anterior mencionado donde los contratos más negociados son por ejemplo del Euro Stoxx 50 Index Options, Opstions on Euro-Bund Futures, Euro stoxx Banks Options, Kospi 200, Dax options, Options on Euro-Schatz Futures, Options on Euro-Bobl Futures, Deutsche Bank, Opt On Vstoxx, y Deutsche Telekom, para terminar mencionamos al MEFF o Mercado Oficial de Opciones y Futuros Financieros radicado en el territorio español donde podemos mencionar entre los activos subyacentes o contratos de opciones que ofrece ese mercado por ejemplo a Santander, Telefónica, Ibex Mini, BBVA e Iberdrola. Veamos un claro ejemplo en el siguiente enlace http://www.meff.es/esp/Derivados-Financieros/Ficha/SAN_B__Santander-

Swaps

Los también denominados permuta financiera tratan de unos productos derivados que funcionan como mecanismos de control de riesgos ante los tipos de cambio y de interés, las contrapartes de estos contratos establecen intercambiar una divisa por otra o negociar el pago de un tipo de tasa de interés con el fin de recibir uno tipo de interés diferente, permitiendo en dichos tratos reducir costos de financiación a la vez que minimizan los riesgos financieros cubriendo las necesidades de cada cual.

Quienes se involucran en los swaps de tipos interés deben pagar a su contraparte intereses como obligaciones de deuda. Estos instrumentos financieros derivados se pueden clasificar en dos categorías descritas de la siguiente manera:

- ✓ <u>Swaps fijo/flotante</u>: Las partes deben pagar intereses por medio de un intermediario contemplando un importe concreto acordado, una las partes paga los intereses a un tipo fijo recibiendo de la otra un interés variable.

- ✓ <u>Swaps flotante/flotante</u>: los involucrados deben realizar los pagos a un tipo de interés variable.

Como valor añadido este tipo de instrumentos facilita a empresas una forma de incursionar en mercados a los cuales no podrían tener acceso por diferentes razones como por ejemplo su estado de solvencia o nivel de endeudamiento. A través de esta modalidad se pueden negociar diferentes tipos de contratos conocidos como Swaps de tipos interés, Swaps de divisas, Swaps de materias primas y Swaps de índices bursátiles. Podemos ampliar un poco más la información mirando el siguiente sitio web del mercado MexDer que negocia con estos instrumentos <u>http://www.mexder.com.mx/wb3/wb/MEX/contratos_swaps#</u>

Forwards

Los también conocidos como contratos a plazos se llevan a cabo entre bancos o entre estos y sus clientes, la función de estos normalmente por parte de los inversores es de protegerse de préstamos futuros, estos contratos tienen aspectos similares a los contratos de futuros pero con la marcada diferencia más resaltante de que estos se dan en los mercados no estandarizados o no organizados OTC por lo que estos no están regulados por entidades gubernamentales en la mayoría de los casos como en los contratos de futuros que si se establecen reglamentos, adicionalmente para los forward no se requiere cubrir montos de garantías y aquellos detalles como calidad, cantidad, fecha y lugar de entrega de los activos negociados son acordados entre el comprador y el vendedor.

Se puede decir que este tipo de contratos consta de una obligación entre las partes donde una debe vender y la otra comprar una porción concreta de un activo en una futura fecha y a un determinado precio.

CFDs

Estas siglas en ingles significan Contract For Difference que traducido son contratos por diferencias, se basan en operaciones hechas en base de diferentes activos como índices, acciones, divisas, bonos u otros pero sin adquirirlos directamente puesto que ellos sirven únicamente de carácter especulativo donde se establece una toma de posición en dirección a la que se estima que el precio se moverá, si esta es la esperada el vendedor deberá pagar al comprador la diferencia entre el valor que tenía al momento de la apertura y el valor que tiene al momento del cierre, por el contrario, cuando la dirección se torna en contra será el comprador el que pagará al vendedor dicho valor con las características antes mencionadas.

La versatilidad de estos instrumentos permite a los inversionistas ya sean de grandes capitales o capitales modestos tomar ventaja de los múltiples mercados beneficiándose de sus movimientos tanto alcistas como bajistas, lo que implicada que puede iniciar una transacción tanto si el mercado está creciendo como si está desplomándose siendo la ganancia o pérdida determinada por la variación del precio indicado por el valor subyacente. Este tipo de instrumentos son muy extendidos en el trading y famosos en el trading online para especular con los precios específicamente, se lo puede hacer con una gran variedad de activos que van desde divisas, materias primas o commodities, acciones, índices pero este tema concretamente del trading con el uso de los instrumentos mencionados en este apartado serán ampliados en el próximo material a estudiar.

> En el siguiente enlace podrá apreciar un listado de instrumentos CFDs https://www.plus500.com/Instruments.

ETFs

Exchange Traded Fund de donde provienen las siglas de este instrumento el cual viene a ser un fondo que cotiza en la bolsa caracterizado por ser un híbrido entre un fondo de inversión y un activo financiero común, resultando un conjunto diversificado de activos financieros los cuales son gestionados bajo la supervisión de organismos competentes, también son conocidos como fondos indexados.

Se diferencia de los fondos de inversión común ya que los ETFs pueden ser negociados, es decir, comprados y vendidos con ejecución instantánea en los mercados financieros cuando se requiera mientras exista una sesión bursátil activa, situación que no es posible de esta manera en un fondo de inversión tradicional donde se podría negociar un activo solo una vez al día luego de lo cual se iniciaría un proceso de valoración para ser ejecutada la orden en un lapso que puede alcanzar hasta los cuatro días en hacerse efectiva ya sea compra o venta.

Un ETF al igual que un valor de renta variable da visibilidad de su precio en tiempo real, funciona como un único medio que contiene varios instrumentos de negociación incluyendo valores de renta fija y permite la participación de todo tipo de inversionistas y no únicamente a los corporativos o grandes actores de mercado, los costos y comisiones suelen ser más bajas que algunos otros medios de inversión.

Existe una multitud de ETFs pero los más comunes son sobre índices de renta variable o renta fija, monetarios o de deuda, según capitalización, sectoriales, inversas y apalancadas. Los ETFs existentes actualmente se clasifican o son medidos de diferentes maneras, por ejemplo de acuerdo a activos bajo gestión de mercados emergentes dentro de los cuales encontramos a Vanguard FTSE Emerging Markets ETF –

VWO, Ishares MSCI Emerging Markets ETF – EEM y IShares MSCI EAFE ETF – EFA, de acuerdo a índices que estos repliquen como es el caso de SPDR S&P 500 – SPY, Ishares Core S&P 500 ETF – IVV y Vanguard Total Stock Market ETF –VTI, otros vinculados a la volatilidad de los mercados como Ipath S&P VIX Short- Term Futures ETN – VXX, ProShares VIX Short – Term Futures ETF – VIXY, los hay orientados a los mercados inmobiliarios donde tenemos a Vanguard REIT ETF – VNQ, Ishares U.S Real Estate ETF – ITR y Schab U.S REIT ETF – SCHH y por último se encuentra los que se centran en la negociación en base a las materias primas conocidas en inglés con el nombre de commodities, calificación en la que entran casos como SPDR Gold Shares – GLD, Ishares Gold Trust – IAU y Ishares Silver Trust – SLV.

> ➤ Acá podemos encontrar una lista de diferentes ETFs como referencia https://es.investing.com/etfs/world-etfs?&issuer_filter=0

VENTAJAS TECNOLÓGICAS AVANZADAS

Los recursos tecnológicos en la actualidad están presentes en cada área de nuestra vida y como es de esperarse el mundo bursátil no es la excepción y nos brinda oportunidades increíbles a inversores de todas las clases independientemente del volumen de capital que se posea, nos facilita el proceso para rentabilizar aprovechando una variedad de aspectos predominantes en las tendencias de los mercados financieros. Es importante recordar que este material es el primero de una serie que procura sentar las bases sólidas para que cualquier persona sin información previa pueda tener acceso al conocimiento de la bolsa de valores y desarrollarse al punto de gozar de la bondades de ella como inversor con óptimos resultados, es por ello que este primer material es un introductorio lo más elemental posible abarcando los tópicos desde las raíces considerados "lo necesario" pero en los recursos que le siguen a este tocaremos temas nuevos adentrándonos progresivamente y también profundizaremos algunos ya tratados aquí, en este sentido hago constar que seleccionados, temas mencionados en páginas anteriores y particularmente el de este apartado deben y serán revisados más a fondo en los siguientes volúmenes de esta serie para poder tener éxito en el área en cuestión.

Inversiones en red o trading online

El acceso a internet ha propiciado un movimiento alcista mucho mayor y espectacular en comparación a décadas anteriores, razón por la cual en los últimos años la bolsa ha logrado captar la atención de inversores grandes y pequeños al ofrecerles posibilidades en tiempos de ocio o bien realizando alguna otra actividad en el hogar, en la oficina, en el transporte público o una cafetería desde donde han podido aumentar sus ingresos con una rentabilidad considerable al final de mes, incluso muchos superaron y hasta sustituyeron sus ingresos recibidos por su empleo convencional gracias a los distintos mecanismos que facilitan las inversiones por medio de internet en diferentes instrumentos financieros.

Lo anterior es una realidad debido a una entidad intermediaria entre la bolsa y el inversor que conocemos como bróker, estos ya existían fuera de internet con dos denominaciones ahora conocidas como brókers tradicionales o brókers de descuento. Un bróker tradicional tiene como funciones en primer lugar brindar servicios de asesoría a sus clientes a cambio de una comisión y en segunda instancia este es el mediador entre compradores y vendedores para la negociación de títulos financieros. Por otro lado se encuentran los brókers de descuento quienes benefician a los inversores que no requieren de asesorías al brindarles comisiones mucho más bajas ya que este no ofrece ningún servicio adicional o valor añadido pues su única función es el ser intermediario. Los dos tipos de brókers antes mencionados a la fecha también permiten la intermediación online pero con costos más accesibles a los que tienen fuera de internet por sus transacciones.

El desarrollo y proliferación de la inversión bursátil mediante la utilización de internet se debe a cambios que han tenido lugar en el sistema financiero, originados e impulsados por cuatro importantes factores que señalaré a continuación.

- ✓ <u>Consumidores con hábitos renovados</u>: El incremento en la tecnificación y automatización de los inversores y la conducta de los mercados financieros en plazos extendidos ha tenido un profundo impacto en los niveles de vida, procurando con ello el aumento de su calidad con lo cual a su vez han ascendido los costos como el de la educación y el de la salud tanto como el deber de los países en mantener la responsabilidad de financiarse para cumplir con las pensiones, y en este orden de ideas los productos basados en acciones han representado un buen nivel de beneficios, estabilidad y versatilidad.

- ✓ <u>Evolución</u>: La forma en que se administran los instrumentos financieros han enfrentado variaciones en los procesos de creación, gestión y distribución lo cual ha servido de motor impulsor de la inversión bursátil permitiendo la renovación de las empresas existentes y el nacimiento de compañías tanto avanzadas como especializadas.

- ✓ <u>Ajustes legislativos</u>: Se han dado cambios en diferentes instancias y territorios como reacción en cada mejoras significativas en el ámbito fiscal concretamente en cuanto los temas capital-riesgo y reducción de los tipos de interés, cambios que han sido motivo del despertar de aquel atractivo en invertir los ahorros acumulados por parte de particulares en instrumentos financieros como en ningún otro tiempo de la historia.

- ✓ <u>Soporte</u>: En vista de todos los avances innovadores del ambiente bursátil se crea la necesidad de servicios que sirvan de apoyo online a los brókers facilitando datos e información relevantes en cuanto a los títulos o activos financieros a negociar pero no se limitan a esto pues también ofrecen poderosas herramientas de análisis para el aprovechamiento oportuno de sus clientes a quienes esto le sirve de asesoría.

Negociación intradía o day trading

Consiste en una estrategia o dinámica que beneficia a un mercado determinado ya que genera un alto nivel de volatilidad en diferentes direcciones equitativamente porque el predominio de estas negociaciones se lleva a cabo en un periodo muy reducido de tiempo ya sea de un valor o varios facilitando entrar y salir de los mercados múltiples veces en un lapso de solo un día. De manera muy interesante este tipo de actividad contante en los mercados financieros ocasiona que muy difícilmente sufran un ciclo significativo y prolongado de escases y derrumbe, aunque de igual forma siempre hay que tomar previsiones y tener una buena gestión del riesgo por lo que se hace fundamental aclarar algunas de las características de este tipo de comercio.

- ✓ <u>Venta corta</u>: El particular principalmente o la institución de trading de alta frecuencia ejecuta compras rápidas de títulos o activos financieros que posteriormente vende en el trayecto del mismo día de la adquisición para tomar beneficios o recomprar en otro punto más barato.

- ✓ <u>Dificultades</u>: El intradía es un tipo de modalidad de inversión que se traduce en ciertos riesgos a tomar en cuenta que pueden considerarse elevados puesto que las transacciones se centran en la especulación, lo que para esta modalidad implica la posibilidad de grandes pérdidas en poco tiempo por lo que se requiere preparación y parámetros claros para poder tener beneficios sostenibles de esta forma.

Negociación fuera de horario u off-hours trading

Esta modalidad consta de transacciones ya sea compra o venta de títulos en los límites horarios que yacen fuera del estándar regular operativo especificado en cada bolsa gracias a sistemas electrónicos especializados, mismos que tomaron protagonismo a finales de los noventa. Se manejan dos tipos de entre los cuales cabe hacer distinción de, por un lado, el alter-hours trading o negociación después de la hora de cierre de la sesión del mercado y por el otro el pre-market trading o transmisiones antes del momento de apertura de la sesión de mercados. Estas vertientes se comenzaron a ofrecer al público aunque en principio solo podían acceder a clientes especiales como instituciones o particulares que contaran con un elevado capital neto, dicha modalidad cuenta con una marcada intensión que pretende permitir la realización de operaciones 24 horas al día sin interrupción horaria.

La negociación de esta manera se realiza gran parte de la misma por medio de redes privadas de contracción conocidas como ECN o también a través de mercados extranjeros los cuales mientras en un país una bolsa está cerrando sesión en otra ubicación dicha bolsa está iniciando actividades, modalidad que se está masificando hoy en día dirigida especialmente a los inversores individuales que manejan capitales modestos.

La presente estructura mencionada para la negociación de fuera horario conlleva una serie de riesgos los cuales son necesarios tener en cuenta a la hora de decidirse por este tipo de modalidades donde la liquidez no cuenta con el mismo volumen de operaciones encontradas en las sesiones regulares de la bolsa pues este es bajo en comparación e incluso al ser demasiado inferiores las transacciones pueden ser ejecutadas a medias o negadas absolutamente por este hecho, los precios en esta sesión pueden presentar bruscos cambios imprevistos por lo cual hay que tomar serias previsiones frente a esta realidad, otra salvedad con los precios es que podrían ser diferentes al contarse con múltiples sistemas de contratación por lo que se hace vital seleccionar uno que cuente con interconexiones con diversos mercados para no tener que cubrir gastos innecesarios. Por lo general cuando las sesiones regulares de los mercados cierran, las empresas e instituciones realizan anuncios que pueden afectar drásticamente los precios generando pérdidas a los inversores que continuaron o empezaron a operar mientras se producían esas notificaciones y por último los costos o comisiones de esta modalidad son muy variados y dependen de distintos factores tomados en cuenta por el servicio de contratación seleccionado trabajar por lo que hay que asegurarse y analizar los instrumentos en los que se pretende negociar, el tiempo en que se va a mantener una operación abierta pues al final podría ser más elevada la comisión que la posible ganancia obtenida.

www.ingramcontent.com/pod-product-compliance
Lightning Source LLC
Chambersburg PA
CBHW050244220526
45465CB00002B/546